Nada

Nada

se acrescentará

O que dizer
de novas
revelações
hoje?

Nada se Acrescentará — O que dizer de novas revelações hoje?
Autor: Josafá Vasconcelo

Editora Os Puritanos © 1998

Editor: Manoel Canuto
Revisor: Heraldo Almeida
Designer: Heraldo Almeida

Dedico esse pequeno opúsculo a Deus, a quem devo tudo, principalmente a salvação e a bondade de abrir meus olhos para as dourtinas da graça.

À minha querida esposa, Graça, e meus preciosos filhos, Samuel, João Marcos e Priscila, que com paciência suportaram os transtornos e os custos da minha transição do arminianismo para o calvinismo.

A todos os que fazem parte do Projeto Os Puritanos e toda a turma do J. V. Bahia, que sem medo levantaram comigo a bandeira do *Sola Scriptura*.

Ao Jannes Bertoni, por sua valiosa cooperação, dispondo sua gráfica ao Projeto Os Puritanos.

E, de modo especial, ao meu querido, amado e piedoso irmão, presbítero Josias Baía, que acreditou no meu ministério, e com sacrifício de seus bens nos apoiou. A ele e à sua esposa, Emília, minha eterna gratidão.

— Josafá Vasconcelos, 1998

Sumário

NADA SE ACRESCENTARÁ

Essa é a triste realidade: somos míopes para enxergarmos a verdade. Somos incapazes e limitados. Por isso dependemos da ação do Espírito Santo para abrir nossos olhos e enxergarmos não só a verdade, mas o erro. O Pr. Tom Ascol em uma de suas palestras sobre a Suficiência das Escrituras no 'Encontro Para Pastores e Líderes' promovido pela Editora FIEL, disse: "Pastores e líderes, vocês creem nisso? Vocês creem que a Palavra de Deus é suficiente...?". Por que o Pr. Tom Ascol faz esta indagação? Porque em nossa época a maioria está cega para identificar as práticas do evangelicalismo moderno que anula a suficiência das Escrituras. Muitos afirmam que a Bíblia é a única regra de fé e prática, mas a negam, na prática.

À sã doutrina estão sendo adicionadas inverdades que são puras tradições humanas. Não só são adicionadas mas subtraídas. O falso ensino não é só de acréscimos antibíblicos, mas o "esconder", o tirar a verdade dos ouvidos carentes. "Dessa forma o povo 'morre de fome', jamais ouvindo a respeito de verdades ofensivas, porém verdadeiras como, por exemplo, o inferno, a ira de Deus, a soberania completa e total de Deus, a história do amor de Deus na eleição etc".

O que se vê hoje é a ênfase no profetizar, ter visões, falar línguas, sem que se aperceba que essas coisas terão de ser consideradas infalíveis por "virem da parte de Deus", por serem revelacionais. Se vêm da parte de Deus e são, por isso, infalíveis, perguntamos: Qual a revelação que é de fato infalível? A conclusão é que, se defendermos a necessidade de novas revelações, vindas de Deus e infalíveis, as Escrituras são no mínimo questionadas quanto a sua suficiência. A Confissão de Fé de Westminster e de Londres (Batista de 1689) baseadas na própria Escritura, não admitem acréscimos, sejam por novas revelações do Espírito ou por tradições humanas.

Os carismáticos não se apercebem que estão negando a suficiência das Escrituras ao buscarem edificação nas revelações profética e nas línguas. Isso é acrescentar algo ao Cânon existente; é negar que a Bíblia é capaz de fazer com que o homem esteja "inteiramente instruído para toda a boa obra" (2 Tm 3:17).

Certo autor pentecostal (Osborn) defende que, se por acaso, algum manuscrito (alguma epístola de Paulo) for encontrado pelos arqueólogos, seríamos obrigados a abrir o Cânon e incorporá-lo à Palavra escrita. Ele não só está dizendo que o Cânon está ainda aberto, mas que profecias, revelações, coisas novas podem aparecer. Dessa forma a suficiência da Escritura está corrompida. O grande risco que correm alguns é dizer que Deus é soberano e que não podemos ficar "presos" a um livro; que Deus pode fazer o que lhe convém fazer (à parte da Sua vontade revelada). Se isso é verdade, a Bíblia não é a única regra de fé e de prática. Mas não podemos nos guiar com base nos pressupostos daquilo que Deus pode fazer, porque Ele pode salvar todo mundo, mas isso Ele não faz; Ele pode dar novos apóstolos além dos doze que escolheu, mas isso Ele também não faz. Devemos nos guiar pelo que está escrito e revelado nas Escrituras como Palavra final. Isso Ele vai fazer e faz. De outra forma, a Escritura não é mais o padrão de julgamento e revelação da vontade final de Deus. Para que as Escrituras?!

Se Deus revela o que Ele quer em Sua Palavra para que o homem seja perfeito e perfeitamente habilitado para toda boa obra, como iria Ele revelar coisas que não estão na Palavra?

O apóstolo Paulo sabia que a Igreja iria receber aquilo que os profetas e os apóstolos iriam dar; a Igreja seria fundamentada na doutrina dos apóstolos e dos profetas, nada mais e nada menos do que isso.

Nesse livro, o Pr. Josafá Vasconcelos, expondo a coragem puritana, afirma, sem receio, que a Bíblia é a revelação final de Deus e a ela nada mais pode ser acrescentado ou tirado, sob pena de sermos acusados, por ela mesma, de adulterar a revelação da vontade de Deus.

Ele afirma que o tema que faz a Igreja "ficar de pé ou cair", hoje, é a doutrina da *suficiência das Escrituras*. Sim, porque a falta de fé em nossos dias não é na realidade de Cristo, mas na Palavra de Deus, em sua suficiência.

Na Dieta de Worms, Lutero afirmou:

"A menos que eu seja convencido e convertido pelo testemunho das Escrituras, ou por argumentos claros, desde que eu creio que não somente o papa e os concílios não são a expressão máxima da verdade, pois têm continuamente errado e entrado em contradição, eu sou convencido pela Palavra, e a minha palavra e a minha consciência estão cativas à Palavra de Deus... eu me apoio no que está escrito."

Calvino disse na sua *Institutas da Religião Cristã* (Livro 4, cap.10):

"Na Sua Lei, o Senhor tem incluído tudo que seja aplicável a uma boa regra para a vida, portanto, não sobra nada para que o homem adicione a essa regra."

Calvino explica porque tudo isso:

"O Senhor fez isso por duas razões: Primeiro, Deus deseja que nós façamos as Escrituras suficientes; nós a consideremos como mestre e guia das nossas vidas. Isso nós faremos quando as nossas atitudes forem de conformidade com as expressões de sua vontade na Escritura, porque é na vontade de Deus que está toda essência da vida piedosa. A segunda razão pela qual Deus fez as Escrituras suficientes é que Ele deseja nos fazer conscientes do seguinte: não existe nada que Deus requeira de nós mais do que a obediência. Nós sabemos que Deus considera esta prerrogativa como sendo a Sua própria prerrogativa de exigir obediência, ou seja, de nos governar pelas leis e pela autoridade da Sua Palavra. Isto é prerrogativa de Deus e, se nós não prestarmos a devida atenção a esse aspecto, transferindo para os homens aquilo que Deus reserva para si mesmo, o que é ilegal e sem valor, perceberemos que o poder daqueles que desejam introduzir na Igreja uma série de coisas divorciadas da Palavra de Deus é falso."

Calvino dizia que a mente do homem é uma "fábrica de ídolos" e tudo que ele fabricar é idolatria porque substitui o verdadeiro Deus por um deus falso. Este livro não foi escrito com o propósito de trazer confusão e constrangimento ao povo de Deus, mas despertar os crentes para a verdade da *Sola Scriptura*. Nada mais que a Escritura! Por isso, não foi sem temor, tremor e amor pela Igreja que foi escrito. Deus o use como só a Ele convém.

— *Manoel Canuto*

Capítulo 1

A SUFICIÊNCIA DAS ESCRITURAS

Quando você ouve a expressão *Suficiência das Escrituras*, soa algo como pacífico, algo que não há mais o que discutir. Todos afirmam: "As Escrituras são a Palavra de Deus, infalível, completa, suficiente", mas se você fizer uma investigação mais acurada, irá perceber que não é bem assim. Quando afirmamos que a Bíblia é suficiente, que as Escrituras são a suficiente Palavra de Deus, é preciso entender que esse termo é extremamente exclusivista, e significa nada mais, nada menos, que somente as Escrituras se constituem a Palavra de Deus. Não há Palavra de Deus à parte das Escrituras, ou, se há, ela deixa de ser suficiente. Se admitirmos alguma palavra vindo diretamente de Deus além do que está escrito na Bíblia, então estamos admitindo que o Livro Santo de Deus não é completo e suficiente.

Nós estamos vivendo em um século no qual algumas práticas que fazem parte da tradição e que foram inseridas na igreja, se tornaram sacralizadas e passaram a fazer parte do corpo de doutrinas como absolutamente certas e bíblicas, sem nenhum questionamento. Por exemplo, a prática do apelo, aquela "cerimoniazinha" de levantar a mão e vir à frente para alguém crer e aceitar a Jesus, está enraizada dentro da tradição evangélica como algo correto e que ninguém questiona. Alguém poderá pensar: "Ele é contra apelo!". Sou mesmo! Todo o sermão deveria ser o apelo. Mas, seria uma coisa absurda alguém pensar de forma contrária ao apelo? Não, pois nós incorporamos essa prática à igreja, e grande parte das pessoas não faz ideia que isso é algo recente, uma inovação, e que durante mais de um milênio, gerações e gerações de crentes desconheciam essa prática. Antes de 1820 jamais se fez apelo no sentido de chamar pessoas para se levantar e vir à frente aceitando Cristo como salvador. Jesus não fez isso, os discípulos não fizeram, os Pais Apostólicos não fazem qualquer menção dessa prática, nem os Reformadores, nem os puritanos ou mesmo a geração do grande avivamento do século XVIII, como Jonathan Edward, George Whithfield e John Wesley. Somente a partir de 1820 com Charles Finney e seus seguidores, adeptos da New Measure, é que se começou separar os "bancos dos ansiosos" e ao término da mensagem se estabelecer uma "cerimoniazinha" em que as pessoas eram coagidas a tomarem uma decisão por Cristo e de se atribuir a isso poder salvífico. Resultado: incorporando-se de tal maneira na vida da igreja, quase se "sacralizou" essa prática como absolutamente bíblica, e nunca ninguém pensa em questioná-la: *seria essa uma prática bíblica?* Onde se encontra na Bíblia um verso sequer que sustente esse costume de chamar, à frente, pecadores afim de aceitarem Cristo. Alguns dizem: Ah! É claro que tem, a Bíblia diz: *"Aquele que me confessar diante dos homens, eu o confessarei diante de meu Pai que está nos céus. Aquele que me negar diante dos homens, eu o negarei diante de meu Pai que está nos céus"*. Eu pessoalmente li muitas vezes esse versículo e o aceitei tranquilamente como suporte bíblico para prática do apelo para decisão, até o dia em que alguém me disse: *Leia novamente*. Esse verso não está dizendo que "confessar" é o ato de uma pessoa crer, não é confessando que se crê, mas, pessoas que creem devem confessar, e isso deve ser feito pelo crente na hora do sacramento do batismo. A prática, então, é totalmente estranha às Escrituras, mas, mesmo assim, aceitamos. Sabe por que estou citando esse exemplo? Porque, sem perceber, começamos aceitar coisas dentro da igreja que não têm respaldo bíblico.

DONS EXTRAORDINÁRIOS

Não há como negar o caráter revelatório dos dons de línguas, profecias, revelações e sonhos. Pode fazer a ginástica que você quiser no campo da exegese, mas não há como destituir desses dons o caráter revelacional. Se formos estudá-los cuidadosamente na Palavra de Deus, vamos perceber que a existência deles no tempo apostólico, na igreja primitiva, foi algo absolutamente necessário; eram revelações divinas. Deus falava através deles para a edificação e o ensino do povo, afim de suprir exatamente a falta das Escrituras que naquela época não estava completa. Então, o dom de línguas, com sua interpretação, era Deus falando ao povo (por isso tinha de haver interpretação) sob a égide dos apóstolos; da mesma forma o dom de profecias. Esses dons eram portanto absolutamente revelatórios e exerceram uma função importantíssima numa hora específica da Igreja, que é chamado de momento escatológico dentro do plano de Deus para o seu povo, e que, após o fechamento do cânon das Escrituras, que é a perfeita revelação de Jesus Cristo dada por Deus aos homens, cessaram definitivamente.

Capítulo 2

OS DONS EXTRAORDINÁRIOS NA HISTÓRIA

É interessante notar que os dons extraordinários, chamados de revelacionais, não eram aceitos e nem praticados na Igreja até 1830. Desde o segundo século, com a morte do último apóstolo, João, foram 1600 anos de militância da Igreja de Jesus Cristo no mundo onde nunca esses dons foram aceitos ou exercidos, sendo ponto pacífico o reconhecimento que haviam cessado, sendo as Escrituras, até então, totalmente suficientes. De repente esses dons reaparecem no cenário, são proclamados como necessários e considerados parte de um genuíno avivamento do Espírito Santo, especialmente depois do advento do movimento pentecostal, em 1901, na cidade de Topeca, Kansas, sendo concretizado em 1906/1909 numa Igreja Metodista Africana, na Rua Azuza, em Los Angeles. Daí encontrou alcance mundial, e a "doutrina" da contemporaneidade dos dons, como é comumente chamada, passou a ser tranquilamente aceita, como algo bíblico e necessário para a Igreja em detrimento da *suficiência* das Escrituras. Vemos assim que é algo recente.

No tempo dos Puritanos (século XVII) não se cogitava dos dons de línguas e profecia, embora houvesse um movimento chamado dos "quacres" ou "entusiastas", como eram tratados e como se referiu a ele John Owen, o maior teólogo puritano, cujos pensamentos, mais à frente, vamos utilizar para fundamentar nossas colocações tratando desse assunto.

Os *Quacrers* alegavam ter visitações especiais do Espírito, tinham tremores e reivindicavam, por exemplo, o que chamavam de "luz interior"; uma espécie de revelação que eles recebiam diretamente da parte de Deus. No seu íntimo, no seu coração, receber "aquilo", era necessário para a vida e estava no mesmo pé de igualdade com as Escrituras. Os Puritanos, especialmente aquele a quem nós chamamos "Príncipe dos Puritanos", John Owen, se levantaram fortemente contra esse movimento. Porém, movimentos iguais a esse, era coisa rara, algo localizado. No geral, no seio da Igreja em todo o mundo, estava tácito e tranquilo que Deus fala única e exclusivamente pelas Escrituras e que elas são totalmente suficientes.

INSPIRAÇÃO PLENÁRIA E DUPLA INSPIRAÇÃO

John Owen, também chamado de "o teólogo da infalibilidade das Escrituras", nos ensina que a Bíblia é a Palavra de Deus, inerrante, absolutamente toda suficiente. Para Owen, inerrância não significava apenas não ter erros entre as capas do livro santo, mas necessariamente também inspiração plenária, ou seja, o Espírito Santo inspirou os escritores tanto do Velho como do Novo Testamento, a tudo que era necessário segundo o propósito do coração de Deus em revelar. Isso significa que à Bíblia não falta nada, ela é plena, perfeita regra de fé e guia para a vida como um todo, nada lhe faltando em absoluto. Segundo Owen, a Bíblia demonstra, pela sua própria luz espiritual colocada pelo seu divino autor, que ela é a infalível Palavra de Deus. Nessa Palavra, na sua fonte de origem, que é o próprio Deus, Ele falou diretamente usando os profetas e seu próprio Filho, o Senhor Jesus Cristo, que por sua vez ensinou essa revelação aos apóstolos, os quais, lembrados pelo Espírito Santo de *tudo que o Senhor lhes ensinou* registraram de forma escrita o que nos é necessário; e hoje nós a temos perfeita à nossa disposição. A Bíblia é a completa e plena revelação de Deus para nós. Como exemplo de advertência para nós sobre o perigo de nos desviarmos da verdade de que a Palavra de Deus é toda suficiente, Owen cita o judaísmo. O judaísmo, por ter desprezado a proposta de que Deus fala somente pelas Escrituras, se desviou e caiu num buraco negro sem fim de superstição e idolatria. É isso que se constitui hoje o judaísmo. Vocês nem imaginam o que há de superstição no Talmude. Não estou falando de ídolos, imagens, pois os judeus não adoram imagens, mas falo de idolatria praticada de modo subjetivo. Os rabinos começaram a acrescentar os ensinos que eles julgavam receber através da sabedoria própria e, dessa forma, foram construindo uma tradição, outras leis que disputavam com a lei dada por Deus. Assim ficou bem distinto o que poderíamos chamar de *lei escriturística* e a *lei da tradição*. Tudo isso porque eles admitiram dupla inspiração: (1) a inspiração que veio trazer à luz as Escrituras, e (2) a inspiração dos rabinos. Eles criam que eram inspirados por Deus nos seus arrazoados e assim foram também registrando essa tradição rabínica recebida como inspirada. Dessa forma foi formado o *Mishnah*, um tipo de interpretação tradicional no texto bíblico no qual os escribas e fariseus tornaram-se zelosos professores. Essa obra continuou sendo aperfeiçoada, do século IV ao século VI, surgindo o *Talmude*, que é a interpretação judaica para os tempos modernos. O *Talmude* é o conjunto desses dois tipos de inspiração. Foi assim que se formou o que conhecemos hoje por judaísmo, que é cheio de superstições. É interessante notar que o Senhor Jesus confrontou os fariseus mostrando que é inconcebível a dupla inspiração. Ele diz claramente, mostrando exemplos, de que uma atenta contra a outra, e como a inspiração rabínica da tradição anula a inspiração única e verídica das Escrituras. Não há como não ser assim. De modo que aqueles que admitem um outro tipo de inspiração que não seja o que temos registrado nas Escrituras, isto é, os que admitem uma inspiração paralela em que Deus lhes fala diretamente, estão construindo também uma tradição que vai, sem dúvida alguma, ferir e anular a Palavra de Deus. Podemos perceber que na verdade o diabo tem o seu concurso aí. Quando se fala sobre o diabo, em se tratando dos dons espirituais, logo vem aquela preocupação expressa na séria advertência: "cuidado para você não blasfemar contra o Espírito Santo e atribuir as coisas do Espírito Santo ao diabo". E realmente há um perigo de menosprezarmos as coisas santas de Deus ou rejeitarmos alguma ação sobrenatural legítima conforme o ensino das Escrituras e atribuirmos ao maligno. Penso que, quando criticamos, devemos fazê-lo sempre com temor e tremor, com coração sincero, buscando a verdade na Palavra de Deus, mas ninguém pode de maneira nenhuma desconhecer os ardis do inimigo e de como de fato ele trabalha de modo sutil e velado, no intento de desmerecer a Verdade. Quando o apóstolo Paulo nos adverte que o diabo pode se manifestar como um anjo de luz, isso mostra como ele realmente pode vir de modo tão sutil e camuflado, profundamente espiritual, que muitos, seguindo os seus ardis, pensam que estão agradando a Deus, mas não estão. Talvez você diga: Como saber? Como reconhecer que algo tão "espiritual" na verdade não vem de Deus? Testando os espíritos pelas Escrituras. Não é isso o que lemos em 1 João 4:1?

> *"Amados, não deis crédito a qualquer espírito; antes, provai os espíritos se procedem de Deus, porque muitos falsos profetas têm saído pelo mundo a fora."*

O fato é que a questão da dupla inspiração é uma heresia condenada pelo Senhor. Os judeus fizeram isso e o resultado foi uma terrível superstição que os afastou irremediavelmente da verdade das Escrituras, e hoje muitos na igreja estão andando em terreno movediço e outros atolados até o pescoço em superstições espirituais, inventando coisas para sustentar o que eles concebem ser espiritual. É interessante saber que houve um movimento entre os judeus chamados *"karaitis"*; eles foram os escrituristas da época, um movimento que tentava trazer de volta o verdadeiro judaísmo para as Escrituras, negando a lei da tradição rabínica.

E o que dizer da Igreja Católica Romana? Os católicos romanos admitem também dupla inspiração, admitem que Deus fala de modo direto através do Papa e que a sua palavra *"ex-cátedra"* é infalível. Fala também pelos concílios reunidos e a tradição está no mesmo patamar de autoridade e inspiração com as Escrituras. Nós sabemos qual tem sido o resultado desse fato. Veja como John Owen, analisando essa questão, coloca estas proposições:

O que realmente creem aqueles que admitem que Deus fala hoje de forma extra-bíblica?

1. Negam que as Escrituras foram postas ordinariamente como perfeita e imutável regra para adoração divina e obediência dos homens, de tal maneira que não há lugar para mais nada, nem novas revelações onde os homens possam ser melhores instruídos no conhecimento de Deus e nos deveres requeridos. Aqueles que admitem novas revelações, Deus falando extra-Bíblia, negam isso e podem acabar admitindo que há uma melhor instrução fora da Bíblia.

2. Eles acreditam serem inspirados pelo mesmo Espírito que inspirou os santos homens do passado e os moveu a profetizar e a escrever a Palavra de Deus; dessa forma concluem que o que pronunciam em matéria de religião, profeticamente, não seria menos infalível, nem menos valioso para a igreja do que a Bíblia. Vocês não acham isso grave?

Lembro-me que nas minhas andanças pelo Brasil, fui numa reunião de oração e havia pessoas "recebendo profecias". De repente, alguém disse: "meu servo, eis que eu sou o Senhor que falo contigo, tenho visto tal coisa...". Eu percebi que alguém estava escrevendo e anotando toda aquela "profecia". Então, no final havia um caderno com várias profecias relacionadas e todo mundo lendo, examinando aquele caderno! Alguém dizia: "Olha o que Deus falou... Ele disse isso, Ele disse aquilo...". Mesmo que essas profecias tivessem passado pelo crivo das Escrituras e fossem registradas ali naquele caderno e devidamente "aprovadas", eu pergunto: O que estava escrito naquele caderno era ou não Palavra de Deus? Talvez você responda: não, era apenas uma mensagem! Mas como fica a afirmação de que é Deus falando, revelando aos homens "verdades" e sendo aprovado pelas Escrituras? Não temos como fugir da conclusão (equivocada) de que tem de ser considerado Palavra de Deus. Quando analiso tudo isso que vi, fico envergonhado; tudo isso, de fato mexeu muito comigo, especialmente quando certo dia lia um livro sobre esse assunto e o autor perguntava: "É ou não é Deus falando?". Essa pergunta caiu como uma bomba no meu coração porque eu tinha que admitir, caso aceitasse essas revelações, que era "Deus falando". Sendo assim, teríamos duas Palavras de Deus e até outras mais. Teríamos a Palavra de Deus — os sessenta e seis livros, e teríamos outras palavras de Deus que são as novas revelações. Não dá para concluir de forma diferente; é impossível negar isso, e o pior: é duro ter que admitir que há outra Palavra de Deus além da Bíblia. Na verdade isso é herético!

3. John Owen diz: "Se possuem um espírito e este lhes fala diretamente sem o concurso da Bíblia, essa não lhes serve senão para orientação em assuntos gerais, ficando assim em segundo plano. Dessa forma roubam da Bíblia seu valor prático, bem como a suficiência e perfeição. Fica então claro que a Bíblia trata de assuntos gerais, mas as profecias, bem como as línguas interpretadas, vão tratar de assuntos específicos, vão lhe orientar em assuntos cotidianos, tais como: "você deve viajar; você não deve fazer isso; você deve fazer aquilo...". Ou seja, a Bíblia não é perfeita, ela é limitada, e não pode lhe ajudar nesses

assuntos específicos. Você precisa de outro recurso. Percebe que não há como admitir isso sem atentar contra a suficiência das Escrituras? Se a Bíblia fica somente para assuntos gerais, ela não é suficiente. Se nós precisamos de algo mais, além das Escrituras, que nos ajudem a decidir sobre as coisas específicas, isso é algo grave e herético.

Capítulo 3

AS ESCRITURAS E O PENSAMENTO REFORMADO

Quero chamar a sua atenção para algo que John Owen menciona sobre a origem das Escrituras e como o nosso Soberano Deus a concebeu. Ele começa a meditar em como Deus imaginou as Escrituras e porque:

"Deus revelou nas Escrituras o seu último e supremo propósito, que é o de trazer maior glória a si mesmo. Ele pensou que a melhor forma de fazer isso era revelar a sua vontade nas Escrituras. No coração de Deus o propósito era que as Escrituras servissem como instrumento dEle no coração de seu povo, para que a Ele fosse dada maior glória. Esse é o Seu propósito em relação as Escrituras. Deus decretou o modo como Ele seria glorificado. Isso é Sua vontade revelada e escrita através dos tempos até vir a se constituir na Bíblia Sagrada, o cânon inteiro. Deus vigiou pelo Espírito Santo trabalhando de um modo poderoso, velando através do tempo para que tudo acontecesse conforme Seus eternos propósitos. Hoje nós temos a Bíblia nas mãos, a realização do ideal de Deus, para sua glória. Mas parece que não deu certo, não foi suficiente. Ele idealizou uma coisa que não foi suficiente. A Bíblia seria assim concebida de um coração como o coração de Deus? Não, claro que não! A Bíblia é perfeita porque Deus é perfeito e a concebeu para instruir os homens no conhecimento de dEle, em como adorá-Lo de maneira correta e de como alcançarem a salvação eterna. A Bíblia é o nosso manual para o conhecimento de Deus e para obediência devida a Ele. Para cumprir esse propósito, Ele concebeu a Bíblia em toda a sua perfeição e o que estiver fora dela é imperfeito para esse fim. Deus não faz nada imperfeito, se Ele propôs que a Bíblia fosse esse manual para instruir o seu povo no conhecimento da sua vontade e de como adorá-lo de maneira correta, além de revelar o Seu amor por pecadores e o Seu plano para salvá-los, Ele o fez de modo perfeito porque é perfeito."

John Owen ainda diz:

"Deus revelou na Bíblia tudo o que é necessário para a nossa salvação e todo o requisito que nos capacita a adorá-lo e favoravelmente agradá-lo. Tudo isso é revelado nos livros da Bíblia, ou expressamente exposto ou deduzido por inferência clara do que está escrito."

E ainda:

"Deus tem ciúmes e não repartirá sua glória com ninguém; será objeto da maior arrogância e orgulho para um mero homem propor novas matérias de fé ou prática que não tenham sido reveladas por Deus na sua Palavra."

É muito orgulho, irmãos! Fico revoltado quando eu leio ou ouço este Keneth Hagin, com tanta tranquilidade, expondo as "revelações" que obtive nas conversas pessoais com Jesus e apresentando isso como nova revelação, sem nenhum constrangimento, nem acanhamento, colocando-se no lugar de profeta e diminuindo a Glória do Senhor. Acho tudo isso um absurdo e temo por sua sorte. Benny Himm começou a ensinar que a trindade não eram três pessoas distintas, e sim nove, porque recebeu isso por "revelação". Joseph Smith deixou sua Igreja e negou toda a sua fé iniciando o mormonismo, também por uma revelação. O adventismo se envolveu num emaranhado de confusão doutrinária por aceitar as revelações de Hellen White como inspiradas. E muitos outros exemplos que poderíamos citar, justificam plenamente o que afirma John Owen, quando examinando a questão dos Quacres, diz: "Como o ensino desses fanáticos contém matéria estranha e diferente das que foram reveladas nas Escrituras, devemos execrá-lo como diabólico, mentiroso, inútil e falso." Alguém pode dizer: Cuidado John Owen, não vá blasfemar! Mas ele diz:

"Essa luz interior é na verdade um pretexto para desviar os homens da perfeição da Bíblia. É uma coisa totalmente imaginária e invenção obscura. Nós cremos e confessamos que a Bíblia é a única regra perfeita de fé entregue a nós por Deus a fim de alcançarmos a salvação e rendermos a Ele maior glória. Assim, desde que o cânon das Escrituras foi completo, não tem havido novas revelações concernente à fé comum dos santos ou ao louvor devido a Deus e nenhuma outra forma é esperada agora."

CONFISSÃO DE FÉ DE WESTMINSTER

A Confissão de Fé de Westminster, expressão do pensamento teológico puritano, aceita pelas Igrejas Presbiterianas e a base da Confissão de Fé Batista de 1689, no capítulo sobre as Escrituras, diz assim:

"Ainda que a luz da natureza e as obras da criação da providência manifestam de tal modo a bondade, a sabedoria, o poder de Deus, que os homens ficam inescusáveis, todavia não são suficientes para dar aquele conhecimento de Deus e sua vontade, necessário à salvação, por isso, foi o Senhor servido em diversos tempos e de diferentes modos, revelar-se e declarar à sua Igreja aquela sua vontade; e depois, para melhor preservação e propagação da verdade, para o mais seguro estabelecimento e conforto da Igreja contra a corrupção da carne e malícia de Satanás e do mundo, foi igualmente servido fazê-la escrever toda. Isto torna a Escritura Sagrada indispensável, *tendo cessado aqueles antigos modos de Deus revelar a sua vontade ao seu povo"* (destaque nosso).

Agora observe como termina o parágrafo: *"tendo cessado aqueles antigos modos de Deus revelar a sua vontade ao seu povo".* Eu percebo que alguns têm dificuldade de assumir essa expressão: *"tendo cessado".* Lendo os puritanos na Confissão de Fé e ouvindo John Owen, "Príncipe dos Puritanos", percebemos que eles, profundos conhecedores das Escrituras, que amaram de fato o santo Livro de Deus e não eram levianos quando o estudavam, não tiveram qualquer dificuldade em afirmar, com toda a segurança, que aquelas manifestações dos dons extraordinários, chamados de revelação, que aconteceram no tempo apostólico, cessaram definitivamente.

Para mim, confesso, foi muito difícil admitir isso, em razão de tudo que vi e experimentei. Lutei muito com essas verdades e percebo que muitos têm a mesma dificuldade tão somente porque a base da maioria das nossas convicções, afirmações, teologia e concepção doutrinária, não é escriturística, mas fruto da experiência. As pessoas querem formar suas convicções a partir das experiências que tiveram. Não estou negando que coisas extraordinárias acontecem, mas não posso, de sã consciência, diante de Deus, firmar minha doutrina em experiências, nem mesmo nas minhas próprias, quanto mais nas dos outros. A doutrina leva à experiência e nunca a experiência à doutrina.

NOS FALOU PELO FILHO (Hb 1)

Qual o fundamento bíblico para admitirmos e concordarmos com os Puritanos ao dizer, com tranquilidade e segurança, que de fato cessaram os antigos modos de Deus revelar a sua vontade? Hebreus 1 é um texto extraordinário e básico para isso. Diz assim:

"Havendo Deus, outrora, falado, muitas vezes e de muitas maneiras, aos pais pelos profetas, nestes últimos dias, nos falou pelo Filho a quem constituiu herdeiro de todas as cousas, pelo qual também fez o universo. Ele, que é o resplendor da glória e a expressão exata do seu Ser, sustentando todas as cousas pela palavra do seu poder, depois de ter feito a purificação dos pecados, assentou-se à direita da Majestade, nas alturas, tendo-se tornado tão superior aos anjos quanto herdou mais excelente nome do que eles."

No capítulo 2:1-3, lemos:

"Por esta razão, importa que nos apeguemos, com mais firmeza, às verdades ouvidas, para que dela jamais nos desviemos. Se, pois, tornou firme a palavra falada por meio de anjos, e toda a transgressão ou desobediência recebeu justo castigo, como escaparemos nós, se negligenciarmos tão grande salvação? A qual tendo sida anunciada inicialmente pelo Senhor, foi-nos depois confirmada pelos que a ouviram."

Calvino fala a respeito desse texto. A exegese que ele faz é simples, mas convincente. Calvino diz que esse texto nos fala da doutrina de Cristo e de como ela unicamente deve satisfazer-nos. Ele coloca os contrastes ali encontrados.

PROFETAS — FILHO DE DEUS (ou seja, revelação pelos profetas e revelação pelo Filho de Deus).

PATRIARCAS (eles) — NÓS.

MUITAS MANEIRAS — REVELAÇÃO ÚLTIMA DADA EM CRISTO.

O que Deus falou aos patriarcas e o que Deus falou a nós em Cristo Jesus. Aos patriarcas, Deus falou pelos profetas, a nós falou pelo Filho. Deus determinou essas formas distintas no plano e no propósito dEle; a nós Deus entregou uma revelação final. A revelação aos profetas era parcial e eles não tiveram um conhecimento total; a revelação foi progressiva e teve seu ápice em Cristo. O próprio Moisés é inferior a Cristo, embora tenha obtido da parte de Deus um tipo de comunicação direta, diferente dos outros profetas, e nisso ele tipificava a Cristo. É interessante ver isso em Números 12:6-8:

"Então, disse: ouvi, agora as minhas palavras; se entre vós há profeta, eu, o Senhor, em visão a ele, me faço conhecer ou falo com ele em sonhos. Não é assim com meu servo Moisés, que é fiel em toda a minha casa. Boca a boca falo com ele, claramente e não por enigmas; pois ele vê a forma do Senhor; como, pois, não temeste falar contra o meu servo, contra Moisés?"

Temos aqui uma analogia da parcialidade de conhecimento e conhecimento mais aperfeiçoado. É como se o Senhor estivesse falando: "Olha, aos outros profetas revelo-me através de sonhos, mas com Moisés é face a face, ele conhece, ele vê a minha forma". Mas, o que é que Moisés fala em Deuteronômio 18:15?: *"O Senhor, teu Deus, te suscitará um profeta do meio de ti, de teus irmãos, semelhante a mim; a ele ouvirás"*. Moisés nessa profecia está falando de Jesus:

"a ele ouvirás". Por isso o autor de Hebreus nos diz: "*nestes últimos dias nos falou pelo Filho*". Jesus, Ele é o profeta por excelência que trouxe a *revelação última* de Deus. Na transfiguração, Mateus 17:5 lemos: "*Este é o meu filho amado, em quem me comprazo; a Ele ouvi*". No programa de Deus, Jesus é a revelação final. A expressão no texto de Hebreus 1:1 é: "*muitas vezes*"; o que, segundo Calvino, se refere a variedade em um tempo. A palavra no grego é *polimeros* que pode ser traduzido por "muitas partes", então podemos ler: Havendo Deus outrora falado por "muitas partes", ou seja, parte aqui com Moisés, parte ali com Isaías, parte aqui com Samuel, parte alí com Ezequiel. E a expressão de "*muitas maneiras*", no grego, *politropos*, significa diversidade de formas, isso é: a esse profeta por visões, àquele por sonhos, àquele outro por enigmas. Quem usa essa expressão, mostra que na verdade existe uma intenção de falar com mais amplitude posteriormente, algo que tem muitas partes, muitas vezes, com diversidade de formas e de muitas maneiras; é alguma coisa que caminha para uma posterior revelação que será definitiva. Dessa forma, Ele, o Senhor Jesus Cristo, é a revelação definitiva de Deus. Observe agora o que é dito na Palavra do Senhor no Velho Testamento com relação a Jesus. Por exemplo, Isaías 61: "*Ele foi ungido para pregar, proclamar...*". Em Isaías 11:1-2: "*Ele tinha o Espírito de conselho e o Espírito de conhecimento...*". Então, Ele traz essa unção especial de profeta. Os judeus sabiam que estava para vir plena luz com o Messias. Em Isaías 55:4 vemos que Ele seria dado como testemunha aos povos, "*...Eis que Eu o dei por testemunho aos povos...*". Ele, ao abrir da sua boca, traria o Seu ensino, o que Ele falasse seria o testemunho de Deus para os povos. A mulher samaritana nos revela que tinha aprendido isso ao dizer: "*Eu sei que há de vir o Messias, chamado Cristo, quando Ele vier, nos anunciará todas as coisas*". Ela sabia que a manifestação do Messias era a manifestação do conhecimento total, último, a revelação final de Deus. Era o que se esperava do Messias: anunciar todas as coisas. Em Isaías 9:6, Ele é chamado de *Conselheiro*. No original essa palavra significa "mensageiro" ou "intérprete". Então Jesus se manifestou de um modo poderoso dessa forma. Em 1 Co 1:30 está escrito assim: *"Mas vós sois dele em Cristo Jesus, o qual se tornou da parte de Deus sabedoria, e justiça, e santificação, e redenção"*. Essa palavra "sabedoria" significa que em Cristo tudo que é necessário saber de Deus, está nele. Ele é a plenitude de toda sabedoria. É isso que nos ensina Cl 2:3!: *"Em quem todos os tesouros da ciência e da sabedoria estão ocultos"*. Paulo está falando de Jesus manifesto em carne como profeta de Deus, como revelação que veio do seio do Pai para mostrar a exata imagem de Deus. Isso é ou não é revelação suficiente? Paulo diz em 1 Co 2:2 não querer saber mais nada, senão a Jesus Cristo, porque nele estão escondido todos os tesouros da sabedoria e do conhecimento, nele está toda a revelação de Deus. É como se dissesse: "Em Cristo está tudo o que preciso saber, não necessito de mais nada!". Quando você admite que a Palavra de Deus, a Escritura, foi completada pela pessoa de Jesus Cristo, e que Sua missão de trazer plena revelação do Pai afim de sabermos tudo o que é necessário para nossa salvação e prática, de conformidade com Sua vontade, não falhou, isso significa que, toda vez que se admite Deus falando extra Bíblia, está-se atentando não só contra as Escrituras, mas contra a pessoa de Cristo e Sua obra perfeita. Se você acha que na verdade Ele não trouxe toda a revelação, isto é, tudo o que era preciso saber para nos ensinar a respeito de Deus, então isso é muito grave! É posicionar-se contra o processo que Deus, desde o princípio, estabeleceu segundo a Sua vontade soberana em revelar Sua Palavra: Profetas do Velho Testamento, Cristo e Seus ensinos dados aos Apóstolos e Profetas do Novo Testamento. Ele disse que o Espírito Santo haveria de fazer com que eles, os discípulos, se lembrassem de tudo o que Ele havia dito. De fato os Apóstolos inspirados registraram no Novo Testamento aquilo que, adicionado ao Velho Testamento, constituem-se Escrituras. Dessa forma a Bíblia é tudo o que Deus quis revelar de Sua parte em Cristo Jesus, para nós. Por isso ela é chamada também de Palavra de Cristo, Palavra do Senhor.

Vamos agora para o capítulo 13 de 1 Coríntios. Naturalmente não poderíamos deixar de falar dessa passagem em se tratando de cessação dos dons extraordinários. Vamos estudá-lo a partir do verso 8.

HAVENDO PROFECIAS, DESAPARECERÃO (1 Co 13)

Não podemos deixar de falar dessa passagem em se tratando de cessação dos dons extraordinários.

> *"O amor jamais acaba; mas havendo profecias, desaparecerão; havendo línguas, cessarão; havendo ciência, passará; Porque, em parte, conhecemos e, em parte, profetizamos. Quando, porem, vier o que é perfeito, então o que é em parte será aniquilado. Quando eu era menino, falava como menino, sentia como menino, pensava como menino; quando cheguei a ser homem, desisti das coisas próprias de menino. Porque, agora, vemos como em espelho, obscuramente; então veremos face a face. Agora, conheço em parte; então, conhecerei como também sou conhecido. Agora pois permanecem a fé, a esperança e o amor, estes três; porem o maior destes é o amor."*

Essa é uma passagem chave para o entendimento da duração dos dons extraordinários, também chamados de revelação, na Igreja. Muita discussão se tem travado sobre o que seja *"o perfeito"*. Seria o retorno de Cristo ou a bem-aventurança dos céus? Ou o apóstolo está aqui se referindo à conclusão da revelação escrita, ou seja o fechamento do Cânon sagrado? Pretendemos provar essa última proposição. Para melhor entendimento desse texto tão importante, gostaria de trazer uma paráfrase apresentada por Dr. Sinclair B. Ferguson, em seu livro *O Espírito Santo*[1]:

"O amor nunca chegará ao fim, uma vez que Deus mesmo é amor; mas dons especiais como profecia e o falar em línguas, bem como a palavra de conhecimento, esses sim, chegarão ao fim, porque eles foram tão somente uma maneira temporária do Deus de amor fazer-se a Si mesmo conhecido a nós. No momento, o conhecimento de Deus que recebemos através de profecia, línguas e palavras de conhecimento, dá-nos somente um entendimento fragmentário dEle próprio. Quando estivermos de posse de todo conhecimento, esses dons desaparecerão — quando o perfeito chega, o imperfeito sai — "O homem crescido deixa de lado os seus brinquedos de criança" como eles mesmos costumam dizer.

Línguas, palavra de conhecimento, profecias — tudo isso é como alguém que olha no espelho, no que vocês coríntios são especialistas! Mas mesmo um espelho "Made in Corinto" é um pobre substituto quando vocês podem ser vistos (ou conhecidos) de um modo claro pessoalmente. Mas no futuro, quando tivermos o pleno conhecimento que Deus tem para nós, não precisaremos mais desses espelhos imperfeitos de línguas, palavras de conhecimento e profecias. Nós, então, conheceremos Deus plenamente, não de uma maneira embaçada, mas como os outros nos conhecem."

É bom salientar que ciência, aqui no texto não é ciência do mundo, mas "palavra de sabedoria", uma palavra revelatória,

---

1   *O Espírito Santo*, Sinclair Ferguson, Editora Os Puritanos, 2014

dada pelo Espírito, esclarecendo pontos básicos da doutrina de Cristo para a Igreja.

O grande problema aqui nessa passagem, é a discussão perene sobre quem é o *"teleion"*, *o perfeito*. Seria Jesus? Ou a Sua manifestação em glória? Seria o Cânon das Escrituras? Quem, ou o que é esse "perfeito"? Meus irmãos, a regra elementar de hermenêutica manda que consideremos o contexto imediato e geral da passagem, que indicará o sentido da palavra. Do que Paulo está tratando desde o capítulo anterior? Não é a respeito do exercício de instrumentos que nos fazem conhecer a Deus e Sua vontade? O ponto básico da discussão é sobre *"conhecimento"*. O que o apóstolo quer apresentar no capítulo 13? Duas coisas:

1. Em relação à prática na igreja, ele fala do exercício daquilo que Deus outorga para a edificação do corpo, que, sobretudo, o amor nos deve nortear.

2. Fala do *conhecimento* de Deus e de Sua vontade. Ele está dizendo que há um conhecimento parcial que se aperfeiçoará. Um *ekmerous* (palavra utilizada para conhecimento parcial — *"em parte conhecemos"*) que caminha para o *teleion* que é o (conhecimento perfeito). Não há como fugir disso aqui, é muito claro. No contexto ele fala ainda de infantilidade (ser como menino) e de amadurecimento (ser como grande ou adulto); usa, a metáfora do espelho: ver por espelho (instrumento imperfeito na época de Paulo de mostrar as coisas) e ver face a face (as coisas são mostradas de um modo claro). Não sei porque a palavra "teleion" não pode ser metáfora também. Porque tem que ser Deus ou a face de Deus, ou céu, e não o que, pelo contexto, parece realmente ser, *aperfeiçoamento do conhecimento genuíno*.

Veja o que diz o grande teólogo Jonathan Edward:[2]

---

2   *O Dom Maior*, Jonathan Edwards, 2000, Editora Fiel

"E como estes dons miraculosos do Espírito foram apenas temporários com relação àquelas pessoas em particular, que os gozaram, assim eles são apenas para uma época com relação à igreja de Deus considerada como um corpo coletivo. Estes dons não são frutos do Espírito, que foram dados para serem continuados na Igreja durante todas as épocas. Eles foram continuados ou pelo menos concedidos de vez em quando, ainda que não sem algumas consideráveis interrupções, desde o começo do mundo até que o cânon das Escrituras fosse completado."

Eles eram comuns na igreja e assim continuaram durante a existência dos apóstolos ou até a morte do último deles, o apóstolo João, que aconteceu cem anos depois do nascimento de Cristo. De modo que os primeiros cem anos da era cristã foram a era dos sinais e maravilhas que eram operados "por mãos dos apóstolos", além do exercício dos dons extraordinários através dos quais Deus ensinava e edificava a Igreja diretamente. Todavia, logo depois desse período, tendo sido completado o cânon das Escrituras, tendo o apóstolo João terminado de escrever o livro do Apocalipse, pouco antes da sua morte, esses dons miraculosos não mais foram continuados na igreja, pois agora havia sido completada uma firme revelação escrita de tudo quanto Deus tencionara falar ao homens. Uma permanente e suficiente regra para Sua Igreja em todas as épocas fora estabelecido, tendo cessado, na economia divina, o modo de agir por instrumentalidade da nação e igreja judia, tendo estabelecido a Igreja Cristã como a dispensação dos últimos dias; assim, os dons miraculosos do Espírito, por não serem mais necessários, cessaram. Os dons extraordinários do Espírito foram dados para revelar e confirmar a Palavra e a vontade de Deus, afim de que os homens, crendo, pudessem recebê-la como Palavra de Deus *"A qual, tendo sido anunciada inicialmente pelo Senhor, foi-nos depois confirmada pelos que a ouviram; dando Deus testemunho juntamente com eles, por sinais, prodígios e vários milagres e por distribuições do Espírito Santo, segundo a Sua vontade"* (Hb 2:3-4). Portanto, foram valiosos e úteis somente na medida em que tendiam para esse fim, alcançando esse objetivo. Quando o cânon das Escrituras foi completamente estabelecido, os dons extraordinários cessaram, pois cumpriram o seu propósito não sendo mais úteis.

Jonathan Edward ainda diz assim:

"Não parece haver nenhuma razão para pensar, como alguns têm pensado, que os dons extraordinários do Espírito têm de ser restaurados à igreja nos gloriosos e futuros tempos da sua prosperidade e bem-aventurança dos últimos dias.".

Alguns dizem: é que estamos no final dos tempos e é necessário! A situação está tão ruim e essa geração está tão terrível; e além do mais, agora é a dispensação do Espírito!

Edward continua:

"Vários teólogos têm sido da opinião que, quando vier a glória da igreja nos últimos dias, da qual é falada na Palavra de Deus, haverá novamente profetas e homens dotados com os dons de línguas e de operação de milagres, como foi nos tempos dos apóstolos; e alguns que estão vivendo agora parecem ser da mesma opinião. Mas, do que o apóstolo diz no texto e no contexto, parece como se não tivéssemos nenhuma razão para imaginar qualquer coisa assim a partir do que as Escrituras dizem acerca da glória daqueles tempos ou porque ele fala do estado da igreja naquele tempo como sendo muito mais glorioso do que já foi antes, ou como se dissesse que o Espírito de Deus será derramado em uma medida mais abundante do que foi nos tempos passados.

Todas essas coisas podem acontecer e ainda não haver tais dons extraordinários outorgados à igreja… O estado futuro da igreja, sendo assim muito mais perfeito do que nos tempos anteriores não inclina-se a provar que naquele tempo haverá dons miraculosos, mas antes ao contrário. Pois o apóstolo mesmo no texto e contexto (de 1 Coríntios 13) fala destes dons extraordinários cessando e desaparecendo para dar lugar a uma qualidade de frutos e influências do Espírito que são mais perfeitas. Se você apenas ler o contexto em conexão com os dois versículos seguintes verá que a razão implícita porque as profecias e línguas cessam e o amor permanece é esta: que o imperfeito prepara o caminho para o perfeito e o excelente para o mais excelente… Profecia e milagres indicam imperfeição no estado da igreja, antes da sua perfeição. Pois eles são meios designados por Deus como uma escora ou suporte, ou como um guia, se eu posso assim dizer, para a igreja em sua infância, antes que como meios adaptados a ela na sua maturidade; e é como tal que o apóstolo parece falar deles. Quando a igreja cristã começou, depois da ascensão de Cristo, ela estava na sua infância e então precisava de milagres, etc. para estabelecê-la; mas tendo sido estabelecida, e o cânon das Escrituras tendo sido completado, eles cessaram… Se nós precisássemos de qualquer nova regra para seguirmos, e se as influências do Espírito, juntamente com a Palavra de Deus fossem insuficientes, então deveria haver alguma necessidade para restauração de milagres. Mas não há necessidade qualquer de novas Escrituras serem dadas, ou de quaisquer acréscimos serem feitos àquelas que já temos, pois elas são em si mesmas a perfeita regra para nossa fé e prática."

John Owen foi o grande teólogo, extraordinariamente bíblico, mas Jonathan Edward, além disso tudo, experimentou o Grande Despertamento do século XVIII, e por isso é chamado de *O Teólogo do Avivamento*. Ele viveu no meio de manifestações extraordinárias, ele as observava diligente e cuidadosamente, ele as trazia com seriedade sob o crivo das Escrituras. Basta dizer que um dia ele estava viajando e sua esposa contou para ele uma coisa que lhe acontecera na sua ausência. Ela estava na sala, ali, orando e de repente foi tirada do chão e levada para a cozinha, para outro lugar; contou para ele ainda outras coisas. Se você lê *Religious Afections*, um livro que trata exatamente dessas coisas que de fato podem acontecer, verá como Jonathan Edward defende que o Espírito de Deus pode agir de um modo não comum usando nossas afeições. Ele viveu no meio de intensas manifestações do Espírito e entende mais que você e eu, ou qualquer um de nós, a respeito do que Deus pode fazer em tempos de avivamento. Milagre é uma coisa, dom de milagre é outra que já passou. Jonathan Edwards era um homem que não tinha aquele tipo de ortodoxia fria, gelada ou fechada, que por preconceito não aceita nada extraordinário que Deus possa fazer. Não, ele não foi assim! Pessoas caíram ao chão no meio da igreja gritando de pavor por se sentirem perdidas, mas ele não disse que aquilo era do diabo. Estava seguro que era do Espírito Santo mesmo, visitando sua a igreja! Contudo não enfatizava essas coisas, nunca as considerou um fim em si mesmo. Pelo contrário, quando as pessoas caíam ao chão, ele ordenava que elas se levantassem para ouvir a Palavra de Deus. Mas quanto a estes dons de caráter revelatório, ou nós somos radicais como foi Jonathan Edward, John Owen, e os Puritanos, em favor da suficiência das Escrituras, ou nós corremos o risco de pecar contra aquilo que mais amorosamente Deus concebeu no seu coração, de um modo perfeito, para nos ensinar a respeito dele, de como agradá-lo, adorá-lo, e alcançarmos a salvação. Portanto, quando você admite outra revelação, dom de línguas, profecias, sonhos, vozes, seja o que for, cuidado! Você estará atentando contra a suficiência das Escrituras.

Esse é um assunto no qual não só devemos ter posição firme, mas também pregar, ensinar e falar. Porque para mim, digo, parafraseando Lutero quando quis enfatizar a importância da justificação pela fé: "Essa é uma matéria, pela qual a igreja fica de pé ou cai". Digo isso sobre a Suficiência das Escrituras, nos nossos dias, quando se multiplicam as manifestações de falsas profecias, línguas e sinais de prodígios.

BASE ESCRITURÍSTICA

Gostaria de finalizar esse capítulo apresentando alguns textos que comprovam tudo o que temos falado até aqui, e, em seguida, veremos algumas objeções.

1. Passagens que provam a suficiência das Escrituras:

Jo 20:31: *"Estes, porém, foram registrados para que creiais que Jesus é o Cristo o filho de Deus, e para que crendo tenhais vida em seu nome."*

2 Tm 3:15-16: *"E que desde a infância sabes as sagradas letras que podem tornar-te sábio para a salvação pela fé em Cristo Jesus. Toda Escritura é inspirada por Deus e útil para o ensino, para a repreensão, para a correção, para educação na justiça a fim de que o homem de Deus seja perfeitamente habilitado para toda boa obra."*

Sl 19:7: *"A lei do Senhor é perfeita, e restaura a alma; o testemunho do Senhor é fiel e dá sabedoria aos símplices."*

Lc 1:3-4: *"...igualmente a mim me pareceu bem, depois de acurada investigação de tudo desde a sua origem, dar-te por escrito, excelentíssimo Teófilo, uma exposição em ordem, para que tenhas plena certeza das verdades em que foste instruído."*

Lc 1:1: *"Escrevi o primeiro livro, ó Teófilo, relatando todas as cousas que Jesus começou a fazer e a ensinar..."*

Rm 10:17: *"E assim, a fé vem pela pregação e a pregação pela Palavra de Cristo."*

Ef 2:19-20: *"Assim já não sois estrangeiros e peregrinos, mas concidadãos dos santos, e sois da família de Deus, edificados sobre o fundamento dos apóstolos e profetas sendo ele mesmo, Cristo Jesus, a pedra angular."*

2 Pe 1:19: *"Temos assim tanto mais confirmada a palavra profética, e fazeis bem em atendê-la, como a uma candeia que brilha em lugar tenebroso, até que o dia clareie e a estrela da alva nasça em vossos corações."*

2 Co 3:14: *"Mas os sentidos deles se embotaram. Pois até ao dia de hoje, quando fazem a leitura da antiga aliança, o mesmo véu permanece, não lhes sendo revelado que em Cristo é removido."*

Gl 6:6: *"Mas aquele que está sendo instruído na Palavra faça participante de todas as cousas boas aquele que o instrui."*

2. Passagens que proíbem qualquer adição (de qualquer tipo) à Palavra escrita:

Dt 4:2: *"Nada acrescentareis à Palavra que vos mando, nem diminuireis dela, para que guardeis os mandamentos do Senhor vosso Deus, que eu vos mando."*

Dt 12:32: *"Tudo que eu te ordeno, observarás; nada lhe acrescentarás, nem diminuirás."*

Ap 22:18: *"Eu, a todo aquele que ouve as palavras da profecia deste livro, testifico: Se alguém lhes fizer qualquer acréscimo, Deus lhe acrescentará os flagelos escritos neste livro."*

Gl 1:8: *"Mas ainda que nós, ou mesmo um anjo vindo do céu vos pregue evangelho que vá além do que vos temos pregado, seja anátema."*

Mt 15:6: *" ...esse jamais honrará a seu pai ou a sua mãe. E assim invalidaste a Palavra de Deus, por causa da vossa tradição."*

I Co 4:6: *"Não ultrapasseis o que está escrito; a fim de que ninguém se ensoberbeça a favor de um em detrimento de outro."*

Is. 8:20: *"À lei e ao testemunho! Se eles não falarem desta maneira, jamais verão a alva."*

3. Passagens nas quais vemos o testemunho dos apóstolos e o Senhor Jesus mesmo examinando as Escrituras e requerendo o mesmo de nós:

Lc 16: 27-31: *"Então replicou: pai, eu te imploro que o mandes à minha casa paterna, porque tenho cinco irmãos: para que lhes dê testemunho a fim de não virem também para este lugar de tormento. Respondeu Abraão: Eles têm Moisés e os profetas; ouçam-nos. Mas ele insistiu: Não pai Abraão; se alguém dentre os mortos for ter com eles, arrepender-se-ão. Abraão, porém, lhe respondeu: Se não ouvem a Moisés e aos profetas, tão pouco se deixarão persuadir, ainda que ressuscite alguém dentre os mortos."*

At 17:2-3: *"Paulo, segundo o seu costume, foi procurá-los, e por três sábados arrazoou com eles, acerca das Escrituras, expondo e demonstrando ter sido necessário que o Cristo padecesse e ressurgisse dentre os mortos; e que este é o Cristo, Jesus, que eu vos anuncio."*

At 18:28: *"...porque com grande poder convencia publicamente os judeus, provando por meio das Escrituras que o Cristo é Jesus."*

At 26:22: *"Mas, alcançando socorro de Deus, permaneço até o dia de hoje, dando testemunho, tanto a pequenos como a grandes, nada dizendo senão o que os profetas e Moisés disseram haver de acontecer..."*

4. Passagens que referendam as Escrituras para toda prática religiosa:

Js 1:8: *"Não cesses de falar deste livro da lei; antes medita nele dia e noite, para que tenhas cuidado de fazer segundo a tudo quanto nele está escrito; então farás prosperar o teu caminho e serás bem sucedido."*

Dt 28:58: *"Se não tiveres cuidado de guardar todas as palavras desta lei, escritas neste livro, para temeres este nome glorioso e terrível, o Senhor, teu Deus."*

Lc 24:27: *"E, começando por Moisés, discorrendo por todos os profetas, expunha-lhes o que a respeito constava em todas as Escrituras."*

Jo 5:39: *"Examinai as Escrituras, porque julgais ter nelas a vida eterna e são elas mesmas que testificam de mim."*

Rm 15:4: "*Pois tudo quanto outrora foi escrito, para o nosso ensino foi escrito, a fim de que, pela paciência, e pela consolação das Escrituras, tenhamos esperança.*"

Capítulo 4

AS MAIS FREQUENTES E COMUNS OBJEÇÕES

1. *Porque as Igrejas chamadas tradicionais, que via de regra rejeitam a contemporaneidade dos dons, são frias e não crescem?*

Resposta: Primeiro é necessário fazer-se distinção entre igreja e igreja. Há de fato muitas igrejas acomodadas e que sustentam um ortodoxia morta, o que é igualmente detestável aos olhos de Deus; outras influenciadas pela teologia liberal se constituem um veneno diabólico para destruir a piedade e tornar a igreja um clube. Mas há igrejas tradicionais vivas, que oram e exercitam a piedade e são rígidas em seus princípios bíblicos de moral e ética além de possuírem um fervoroso espírito missionário. Quanto ao crescimento, é preciso se ter muita cautela na utilização deste método de avaliação. As igrejas chamadas pentecostais de fato têm tido um crescimento espantoso, contudo muitos de seus líderes conscientes estão preocupados com a qualidade dos seus membros, o número imenso de desviados, além da atração natural que a informalidade exerce e principalmente os "apelos" de cura e solução imediata dos problemas.

2. *Muitas das predições das línguas interpretadas e profecias realmente acontecem, além de curas comprovadas.*

Resposta: Nosso parâmetro e base de doutrina não é a experiência. É bom lembrar, por exemplo, o que nos adverte Deuteronômio 13: 1-5: *"Quando profeta ou sonhador se levantar no meio de ti e te anunciar um sinal e prodígio, e suceder o tal sinal e prodígio de que te houver falado, e disser: Vamos após outros deuses, que não conhecestes, e sirvamo-los, não ouvirás as palavras desse profeta ou sonhador; porquanto o Senhor, vosso Deus, vos prova, para saber se amais o Senhor vosso Deus, de todo o vosso coração e de todo vossa alma. Andareis após o Senhor, vosso Deus, e a Ele temereis; guardareis os seus mandamentos, ouvireis a Sua voz...".* Ou seja, o milagre e a predição podem até acontecer, mas se a doutrina não está de acordo com a Palavra de Deus, não serve. Lembre-se que Deus nos prova!

3. Se não há dom de línguas como oraremos em espírito? Ou como o Espírito Santo irá interceder por nós?

Resposta: O apóstolo nos ensina a *"orar no espírito, (Efésios 6:18), em todo tempo, e para isto vigiando com toda perseverança e súplica por todos os santos"*, e completa: *"e também por mim"*. Ora, como "orar no espírito" pode ser orar em línguas se ele declara os motivos de oração que devem ser colocados em palavras inteligíveis e que definam o pedido de Paulo. E por que "gemidos inexprimíveis" têm de ser línguas? Não há nada no contexto que possa surgerir isso (Rm 8:26). O termo "nos ajuda" ou "nos assiste", no grego é: *"sinantilambatetai"*, significa "ajudar com", isto é, duas mãos irmanadas a executar uma tarefa. E a palavra "inexprimível" no grego é *"alaletois"* que significa sem palavras; é uma ação meramente inspirativa da parte do Espírito que nos ajuda em nossa intercessão, as palavras são nossas, a inspiração "sem palavras" é dele.

4. E aqueles nossos irmãos sinceros e piedosos que falam línguas estáticas. Se não há o Dom de línguas hoje, o que é que eles falam?

Resposta: O Novo Testamento nos ensina claramente que o dom de línguas era a capacidade sobrenatural dada pelo Espírito de se falar línguas estrangeiras. Trata-se da mesma experiência do Pentecostes narrada no livro de Atos. Não há razão para a experiência de Corinto ser diferente da de Atos. Era o mesmo período apostólico. A expressão usada nas nossas traduções "outras" não existe no original. Os discípulos falaram em outras línguas conforme o Espírito concedia que falassem (At 2: 4) e cada um ouvia falar na sua própria língua,(At 2:8). O termo "interpretar" no grego *"hermeneie"* sugere língua estruturada, isto é, que se possa interpretar mesmo (embora saibamos que isso se dava de modo sobrenatural). Além do mais, o apóstolo Paulo, tratando desse assunto, e corrigindo entendimentos errôneos a respeito desse Dom, em 1 Co 14:21, diz: *"Falarei a este povo por homens de outras línguas e por lábios de outros povos, e nem assim me ouvirão, diz o Senhor"*, referindo-se a Isaías 28:11-12. Por que ele usaria esse verso para identificar ou justificar o dom de línguas se essas línguas não têm nada a a ver com línguas humanas? A verdade é que o apóstolo está ensinando que isso é um cumprimento de uma profecia de juízo proferida pelo profeta contra o povo de Israel incrédulo. *"De sorte que línguas não é um sinal para os crentes e sim para os incrédulos"* (1 Co 14:22).

O que esses irmão estão falando e reivindicam ser o dom de línguas neo-testamentário, nada mais é que articulação de sons, produzidos pelas emoções; creio serem provindas de um coração sincero, ansioso por Deus e não ousaria afirmar que isto seja pecado; "quem faz para o Senhor faz..." (seria uma grande ingenuidade). O que acho que desagrada ao Senhor é a tentativa de se "traduzir" esses sons como mensagem direta da parte de Deus, o que teríamos que admitir ser uma nova revelação além das Escrituras.

5. O Batismo do Espírito Santo na Bíblia foi seguido da manifestação de línguas e profecias. Como fica isso hoje?

Resposta: É imprescindível, como princípio básico de hermenêutica, primeiramente saber que o livro de Atos é essencialmente descritivo e não normativo. Então muitos eventos e até ofícios, como, por exemplo, o dom de Apóstolo, foram circunstanciais e temporários. O pentecostes mesmo, foi algo único e que não se repete. Marcou o início da Igreja Neo-testamentária envolvendo quatro seguimentos que representariam todos os povos que a constituiriam, ou seja: os Judeus, os Samaritanos, os Gentios e os Discípulos de João. A manifestação das línguas e profecias acompanharam esses eventos para marcá-los como únicos. Era a formação da Igreja e o Batismo do Espírito Santo representou a descida, de uma vez por todas do Consolador, que por sua vez operou a inclusão daqueles 120 irmãos no Corpo de Cristo, e continua a fazer isso toda vez que alguém se converte (1 Co 12:13). Como não podia deixar de ser, aqueles irmãos foram revestidos de poder ou cheios do Espírito; essa experiência, ser cheio do Espírito, se repete e deve ser buscada, ela poderá vir simplesmente pelo exercício dos meios de graça, ou se aprouver a Deus, até mesmo de um modo dramático, mas não mais com línguas e profecias, uma vez que essas manifestações cessaram (At 4:31).

Capítulo 5

CONCLUSÃO

Penso que não há como alguém possa defender a tese da Suficiência das Escrituras admitindo que línguas e profecias, nos moldes do Novo Testamento, não tenham cessado. Terão que fazer um esforço exegético para dar um outro significado que não seja revelatório e passando por cima de expressões no grego relativo às línguas, como por exemplo o verbo "oracular" (At 2:4: "...*o Espírito lhes concedia que falassem*"; 2:14: "...*erguendo a voz adverti-os*"; 26:25: "...*digo palavras de verdade*) cujo significado é comunicar de um modo direto autoritativo a Palavra de Deus. As experiências que muitos têm tido de receber uma comunicação direta de Deus, quer por sonhos, vozes, interpretação de línguas e profecias, visões, arrebatamento dos sentidos, ou de qualquer outra espécie hoje, não há como deixar de atentar contra a Suficiência das Escrituras e de tê-la como meio exclusivo determinado por Deus de fazer revelar a Sua vontade.

Nossa intenção não é desfazer a experiência de quem quer que seja. O propósito é defender o ensino bíblico de uma das mais importantes e necessárias doutrinas que sustenta a Igreja, e a protege de erros e heresias, dignifica a Deus que não falha em seus projetos, é perfeito em todas as Suas obras, não muda e nem tem sombra alguma de variação.

A Bíblia é a Palavra de Deus, está intimamente ligada ao Ser de Deus, é dignificada como divina quando o salmista diz: *"exaltaste a Tua Palavra acima do Teu nome..."*, e ainda: *"... em Deus cuja Palavra eu louvo"* (Sl 56:10); o apóstolo Paulo pede orações para que a Palavra *"se propague e seja glorificada"* (2 Ts 1:2). Ela é perfeita (no hebraico significa "completa": Sl 19:7), *"...inspirada por Deus e útil para o ensino, para a repreensão, para a correção, para a educação na justiça, a fim de que o homem de Deus seja perfeito e perfeitamente habilitado para toda boa obra"* (2 Tm 3:16-17).